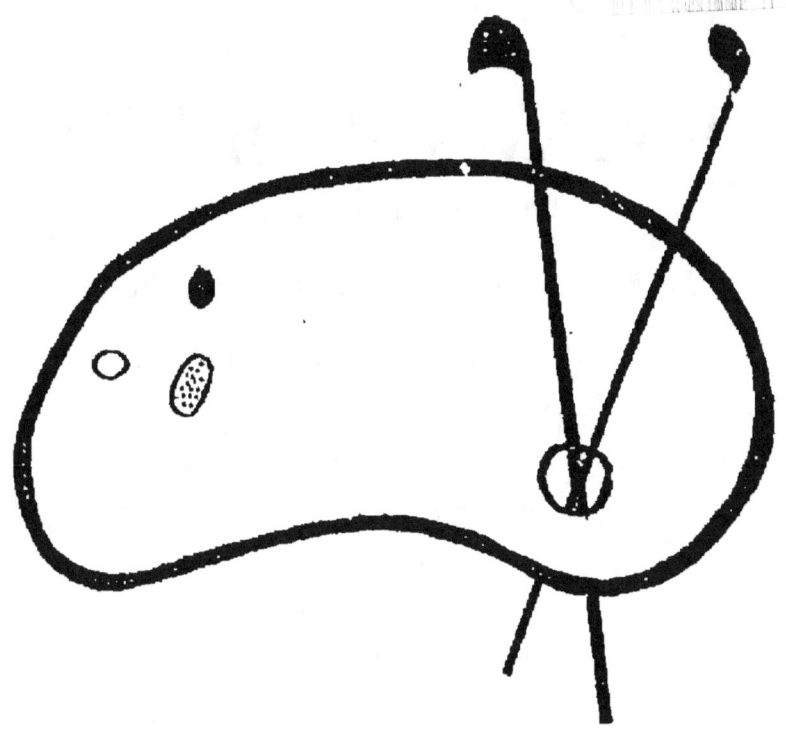

ORIGINAL EN COULEUR
NF Z 43-120-8

VALABLE POUR TOUT OU PARTIE DU DOCUMENT REPRODUIT

CATALOGUE

DES

TABLEAUX & DESSINS

ANCIENS ET MODERNES

Par M. Guillaume DESCAMPS, Peintre d'Histoire

ESTAMPES ANCIENNES

DES

ÉCOLES ITALIENNE, FRANÇAISE & AUTRES

PORTRAITS, LIVRES A FIGURES

Objets d'art, etc.

FORMANT SON CABINET

DONT LA VENTE AURA LIEU PAR SUITE DE SON DÉCÈS

HOTEL DES COMMISSAIRES-PRISEURS

Rue Drouot, 5

SALLE N° 3

Les Lundi 30 et Mardi 31 Mai 1859

A UNE HEURE PRÉCISE

Par le ministère de M. SIBIRE, Commissaire-Priseur
rue Montmartre, 129

Assisté de M. VIGNÈRES, marchand d'Estampes,
rue de la Monnaie, 13, à l'entresol, entrée rue Baillet, 1

CHEZ LEQUEL SE DISTRIBUE LE CATALOGUE.

EXPOSITION PUBLIQUE
Le Dimanche 29 Mai, de 1 heure à 4 heures

1859

2921	355	Долженъ	1131.25
1966.95		5%	56.10
651			1177.35
5			

CATALOGUE

DES

TABLEAUX & DESSINS

ANCIENS ET MODERNES

Par M. Guillaume DESCAMPS, Peintre d'Histoire

ESTAMPES ANCIENNES

DES

ÉCOLES ITALIENNE, FRANÇAISE & AUTRES

PORTRAITS, LIVRES A FIGURES

Objets d'art, etc.

FORMANT SON CABINET

DONT LA VENTE AURA LIEU PAR SUITE DE SON DÉCÈS

HOTEL DES COMMISSAIRES-PRISEURS

Rue Drouot, 5

SALLE N° 3

Les Lundi 30 et Mardi 31 Mai 1859

A UNE HEURE PRÉCISE

Par le ministère de M. SIBIRE, Commissaire-Priseur
rue Montmartre, 129

Assisté de M. VIGNÈRES, marchand d'Estampes,
rue de la Monnaie, 18, à l'entresol, entrée rue Baillet, 1

CHEZ LEQUEL SE DISTRIBUE LE CATALOGUE

EXPOSITION PUBLIQUE
Le Dimanche 29 Mai, de 1 heure à 4 heures

—

1859

ORDRE DE LA VENTE.

On commencera par les objets divers.
Les œuvres de M. G. Descamps.
Les Dessins et Tableaux anciens.
Les Estampes, Livres à figures.

On commencera à une heure précise.

Les lots composés de plusieurs pièces ne formant pas suite pourront être divisés.

M. Vignères, faisant la vente, se charge des commissions.

Nota. Toute commission, sans prix fixé ou sans limite déterminée, est regardée comme nulle.

M. Vignères se charge de faire marquer les prix aux catalogues des ventes qu'il a faites. Les amateurs qui le désirent peuvent s'adresser à lui franco.

CONDITIONS DE LA VENTE

Elle sera faite au comptant.

Les acquéreurs paieront en sus des adjudications 5 pour cent applicables aux frais.

M. Guillaume **DESCAMPS**, peintre d'histoire, deuxième grand prix de Rome, fut élève de Vincent et peintre du roi de Naples Murat, honoré de plusieurs médailles, et membre de diverses Académies, décédé à Paris, le 25 décembre 1858, à soixante-dix-neuf ans.

Artiste amateur d'un goût très-éclairé dans les arts, il ne manquait jamais d'ajouter à sa collection d'artiste des pièces d'importance, lorsque sa bourse le lui permettait. Nous n'avons qu'à citer pour cela la superbe esquisse de *Parmesan*, le Christ mort; ses médailles grecques, ses antiquités d'Herculanum, les dessins de *Fragonard* et du *Poussin*, le choix des estampes et des *eaux-fortes*, prouvent ses connaissances d'amateur en ce genre et son goût artistique pour le haut style de l'École italienne.

Les attributions de M. Descamps ont été conservées pour les tableaux et dessins.

Le peu de temps que nous avons eu pour rédiger ce catalogue ne nous a pas permis d'y donner plus d'extension.

Œuvres de M. Guillaume DESCAMPS

Composition. Mort d'un personnage de l'antiquité. Esquisse de concours.

Jugement de Sabinus. Deuxième grand prix de Rome, an XI.

Prométhée. Très-grand tableau. Médaille d'or, Lille, 1820.

Incendie du Bourg, d'après Raphaël. Très-grand tableau.

Vénus, Diane. Deux tableaux gracieux.

Pâris et Hélène. Non terminé

8. Plusieurs esquisses, projets pour ce tableau. Copies d'après Rubens.

Clarke, duc de Feltre, en pied, à l'huile. Esquisse terminée. Grand in-4°. 1817.

Nombre de projets de tableaux religieux, gracieux, Jupiter et Léda, Vénus et l'Amour, compositions, têtes, académies, esquisses peintes, etc., etc.

Nombre d'études au crayon, pour tableaux, compositions, ensembles, esquisses, académies.

Gravures à l'eau-forte, compositions, portraits.

Lithographies, portraits.

Cuivre. La planche de Murat sur la Cérès, portraits, cuivres blancs.

Objets divers.

Armoire, bibliothèque style renaissance, avec plaques sculptées et plaques de marbre.

Médailles grecques, argent et bronze.

Curiosités, antiquités, bronze et terre cuite d'Herculanum et autres.

Grand nombre de statues, bosses, bas-reliefs en plâtre, épreuves de choix, statuettes très-jolies plâtre et stéarinées.

Plusieurs loupes, miroirs, miroir noir, etc.

Mannequin petit modèle.

Chevalets, boîtes à couleur, et divers ustensiles et meubles d'atelier, toiles, panneaux, cadres, portefeuilles, etc., etc.

Tableaux anciens.

CUYP (Genre de).
Dame hollandaise.

DYCK (Attribué à Van).
Dame de distinction.

LEPRINCE (Attribué à).
{ Retour du chasseur.
{ Chasseur et villageoise.
{ Gerbe de la Saint-Jean.
{ Famille villageoise.

MIREVELT (Genre de).
Portrait d'un personnage.

PARMESAN.
Christ mort. Très-belle esquisse originale.

RUBENS (Attribué à).
Mars couronné par l'Amour.

STACQ (Van).
Pâturage. Signé.

Plusieurs portraits sur cuivre, à l'huile et un fixé.
Plusieurs miniatures anciennes.
Éruption du Vésuve.
Diverses esquisses anciennes, études, etc.

Miroir noir Squelette cuivre 5. M. Constant 19 beaumarché 6 . Vey.
Medailles 15. M. Detrom à pas couliere

Barthou d. 40.
18 magasin du louvre

10.50

Meiland 14

Græsland 3   Søtran 10
gjødsland 12   Meiland 9

Meiland 11

Meiland
Meiland 5   Bersand 12
              Bersand 8

Milo 14

Gauthier 3   Tatron 10

Gauthier 12   Milo 9

Milo 11

Milo 9   Durand 12

Durand 8

ESTAMPES

1 **Albane** (D'ap). Les Éléments, compositions charmantes de Vénus, Diane et les Amours. 4 p. par B. Audran.
2 **Aldegraver**, son portrait à vingt-huit ans.
3 — Titus Manlius. B. 72. Très-belle pièce curieuse représentant la guillotine en 1553.
4 **Audouin**. Le Christ mis au tombeau, d'ap. Caravage. Sup. ép. avant la lettre.
5 **Audran**. Martyre de sainte Agnès. — Vierge au rosaire. 2 p. d'ap. Dominiquin.
6 **Audran** (G.). Le Temps enlevant la Vérité, d'ap. Poussin. Belle ép. avant la draperie.
7 **Baroche**. L'Annonciation. Belle eau-forte du maître.
8 **Bartoli** (P. S.). Entrée de Sigismond dans Mantoue, qui se trouve dans le palais du T. 25 pl. et titre.
9 **Beauvarlet**. Diane et Actéon, d'ap. Rottenhamer. Avant toute lettre.
10 **I. B.** (monogramme). Les Enfants vendangeurs, 1529. B. 35. Belle ép.
11 **Beham** (S.). La Femme couchée, vue de dos. B. 215. 2ᵉ état. — Contrepartie, par un anonyme — Les deux Génies, 1544. B. 236 et autre. 4 p.

12 **Biard** (P.). Vénus, sur son char, excite l'Amour à la venger. R. D. 20. Sup. ép.
13 **Binck** (J.). Lucas Gassel, peintre. Rare.
14 **Biscaïno.** Sainte Famille. 22. — Triomphe de Vénus, contre-épreuve, etc. 3 p.
15 **Blot.** Marcus Sextus, d'ap. Guérin. Avant la lettre.
16 **Bonasone.** Le Lever du soleil. B. 99. — Alexandre et Roxane. 100. — Le Triomphe de l'Amour. 106. — Toilette de Vénus. 167. — Pan assis près d'une Nymphe, accompagnée de l'Amour près d'un Terme. 170. — Repos de Nymphes et Tritons. 173. — Frise au Centaure ailé qui allume un flambeau. 353 et autres. 12 p. Seront divisées.
17 **Boucher** (D'ap.). Vénus sur les eaux, par Moitte. Très-grande et belle pièce.
18 **Brebiette.** Frises, bacchanales, sujets divers à l'eau-forte. Environ 80 p. Seront divisées.
19 **Bry** (Th. de), d'ap. Beham. La Fontaine de Jouvence.
20 **Campanella.** Fresque de la maison Ant. Pii. 6 p.
21 **Canaletti.** Trois pièces formant deux vues.
22 **Carrache** (Augustin). Orphée, Suzanne, Vénus et l'Amour, l'Amour châtié, Andromède. etc. 20 p.
23 — Jupiter et Antiope.
24 — Pan dompté par l'Amour.
25 — Le Christ, de Caprarole.
26 — Communion de saint Jérôme.

Par M. Michaud j.

Albant [167]
Michaud :6
Michaud ..

Michaud 12

Soleil 5

Mailand 48

Soleil 5
Mailand 53
Berain 14

Mailand 87

Soleil 5

27 — (D'ap.). Achille découvert par Ulysse, et autres. 20 p.
28 **Castiglione**. La Femme assise dans des ruines. B. 26.
29 **Challe** (D'ap.). La Comparaison, par Bouillard et Dupreel.
30 **Charlet** Le Grenadier de Waterloo, Lacombe. 39.
31 **Chatillon** Endymion, d'ap. Girodet. Sup. ép. lettre grise, papier de Chine, avant le nuage.
32 **Cicéri** (Eug.). Six vues de la Creuse, lithog.
33 **Corrège** (D'ap.). Sainte Famille, la Nuit, Fuite en Égypte, Saint Jérôme, le Christ descendu de la Croix, la Madeleine, Jupiter et Antiope, Io, Léda, etc. environ 20 p. Seront divisées.
34 **Coypel** (D'ap.). Persée délivre Andromède, et autres. 4 p.
35 **Cranach**. Sainte Marie Egyptienne enlevée au ciel par les anges. Pièce en bois. B. 72.
36 **Daven** (Léon). Sainte Madeleine enlevée par des anges. Belle. — Sainte Famille. 2 p.
37 — Paysages avec sujets mythologiques. 6 p.
38 — La Statue de Priape au milieu d'un jardin que l'on cultive. B. 43.
39 — Psyché puisant de l'eau dans la fontaine gardée par des dragons. B. 46.
40 — Mars et Vénus servis à table. B. 52. — L'Amour tirant une flèche sur Apollon. 57. — 2 p.
41 **David**. Compositions, couronnement, les Horaces, etc. 7 p.
42 **Dé** (Maître au). Sujets de Psyché. — Frises d'enfants, etc. 6 p.

43 **Descamps** (G.), *inv. pinx et sculp.* Joachim Murat applaudissant les défenseurs de la frégate la *Cérès*, en 1809. Eau-forte rare.

44 — L'Amour et Psychée. Deux eaux-fortes. Compositions différentes.

45 — J.-J. Vanlerberghe, portrait lithog.

46 **Descamps** (D'ap. J.-B.). La Pupille, par Lemire. — Le Négociant, par Lebas. 2 p. Belles.

47 **Desnoyers.** La Transfiguration, d'ap. Raphaël. Très-belle ép. sur Chine.

48 — La Vierge à la chaise, d'ap. Raphaël, ancienne et très-belle ép. toute marge.

49 **Dixon.** Ugolin, d'ap. Joshua Reynolds. Superbe ép.

50 **Dominiquin.** Communion de saint Jérôme. — Saint André, etc. 4 p.

51 **Dorigny.** Les sept cartons de Raphaël, qui sont à Hampton Court, avec la vue de la galerie par Bennet, d'ap. Stephanoff. 8 p.

52 **Drouais** (D'ap.). La Chananéenne. — Marius à Minturnes, etc. 3 p.

53 **Duchange.** Danaé, d'ap. Corrège.

54 **Dunouy.** Paysages. Avant la lettre. 2 p.

55 **Durand**, 1835, d'ap. Vanderlyn. Ariadne. Sup. ép. Chine, toute marge. Publié à New-York.

56 **Durer** (Albert). Cardinal Albert. B. 103. — Frédéric duc de Saxe. B. 104. 2 p.

57 **Durer.** Sainte Madeleine enlevée au ciel par les anges. B. 121. Pièce en bois.

Cambr. 13   Mar 5.10.

Lambr. 13

Mailand 7,

Mailand 6.5"

Triest 5

Soleil 64 35
          Nicolas 38
          ....
          17
          ......
          ....

          ......
          ......

          Nicolas 1?

          ......

— 11 —

58. **Dyck** (A. Van). Le Christ au roseau. Superbe ép. avec l'adresse de Bon-Enfant. (C'est le 3e état, il y en a 6.)

59. **École de Fontainebleau.** Vénus et Mars se baignant dans une cuve. B. XVI, pag. 344-19, et autre. 2 p.

60. Vénus dans un char conduit par deux cygnes. B. 372-3.

61. — Pâris enlevant Hélène. 393-42. — Le jeune Homme que l'on veut tuer. 394-46. — 2 p.

62. — Jeune Homme buvant de l'eau que lui présente une femme. B. 407-81.

63. — Vénus pleurant la mort d'Adonis, rinceau d'ornement et autres. 5 p.

64. **Edelinck**. La Sainte Famille, d'ap. Raphaël. Ep. avec les armes de Colbert en bas.

65. **Fac simile** de dessins, d'ap. Corrège, Guide, Raphaël, Jules Romain, etc. 38 p.

66. **Fiesole** (D'ap.). La Vie de Jésus-Christ, en 15 pl.

67. — Couronnement de la Vierge et miracle de saint Dominique. 15 pl. et texte.

68. — Chapelle de Nicolas V. 16 pl. in-fol. broché.

69. **Folo**. Mariage de sainte Catherine, d'ap. Corrège. Ép. avec les noms d'artistes seulement, toute marge.

70. **Fragonard**. Deux Femmes sur des nuages. — Deux Femmes sur un cheval. 2 p. à l'eau-forte. Belles.

71. **Francisque**. 4 p. Paysages.

72. **Gaspre** (D'ap.). Paysages. 5 p.

73 **Gaultier** (Léonard). Histoire de Psyché. 24 petites p.
74 **Gelée** (Claude Lorrain). La Danse au bord de l'eau. R. D. 6. Très-belle ép.
75 — Le Port de mer au fanal. R. D. 11. Très-belle ép.
76 — Le Port de mer à la grosse tour. R. D. 13.
77 — Le Soleil couchant. R. D. 15.
78 — Mercure et Argus. R. D. 17. Très-belle ép. 1er état, marge.
79 — Berger et Bergère conversant. R. D. 21. Avant dernier état. Très-belle ép., marge.
80 — Campo Vaccino. R. D. 23.
81 **Genoels**. Paysages. 5 p. à l'eau-forte.
82 **Gerhardt**. Les Quatre Éléments. (Ovales.)
83 **Gessner**. Paysage. 4 p.
84 **Ghiberti** (D'ap.). Le Baptistère de Florence. 12 p. dont une feuille de texte.
85 **Ghisi** (G.). Vénus et Vulcain avec trois Amours.
86 — Cupidon et Psyché sur un lit, couronnés et servis par des Nymphes. Superbe ép. avant la draperie. B. 45, d'ap. Jules Romain.
87 — Les Grecs entrant dans Troie, et autres. 3 p.
88 **Girodet** (D'ap.). Atala, Égine, etc. 7 p.
89 **Glauber**. Paysages. 12 p. Très-belles.
90 **Guerchin**. Saint Antoine de Padoue. Sup. ép. du cabinet Denon, marge.
91 **Guide**. Vierge et Jésus, dans un rond. 1re ép. Très-belle.
92 **Hackert** (J.-Ph.). Paysages. 3 p. Belles ép.

Madame C.

Soleil 31

X Voix
Madame 12
Chambre d' ... ...
soleil 5   ... 8.

	Hoorara		2		Report		268	75
	2 ...			3 75	33	Corrège ...		20	
	mirois noir ...			6	36	Dover ... Mailand	16	
	...			6 50	37	...	6	
	2 ...			7 50	38	... Burty	4 75
	Hebert ... Burty		10		39	... Burty	4 75
	Vandyck	42		40	...	10	
275	...	...	5		42	...	3
277	...	...	5 50	43	...	6
285. 286	...	...	5			...	5
289	Noir	16 50	44	...	5
288. 499	... ...	19 50	45	...	5
	10	9		48	... Mailand	25
211	42 ... Mailand	15		53	... Mailand	5
224	1 ...	5		55	...	4
	... Mailand	7		57	... Soleil	1
226	...	1		58	Dyck Christ ... Soleil	36
	1 ... Mailand	6		59	... Mailand	12
	2 ...	1		60	... Mailand	9
	3 Moulin ...	8		61	... Mailand	8
	4 ... juillet	10		62	... Burty	3 50
	6 ... Mailand	4		63	... Mailand	23
	9 Bonnevolet Mahrault	3		66	Viesole ... Mailand	23
	10 ... Berain	12		67	Couronne Mailand	20
	16 Bonaronc 1p. Mailand	10		69	Folio Mariage Mailand	5
	1p. Mailand	5		70	Fragonard 1p. Mahrault	1 75
	... Mailand	11		81	Genouts 1p. Mailand	3
31	Endymion Mahrault	1 50	86	Ghisi ... Soleil	17
33	Corrège 8p. Mailand	28	88	Girodet	3 25
		268 75			553 75

	Report	558	75			report	851	75
89	Glauber 1 p. Milano	7	.	178	Rubens 2p. Milano		17	.
90	Guercin Jesuit	6	50	183	Sables 3p. Dusty		1	50
94	Ingres odalisque 4p	3	50	190	Subleyras 1p. Dusty		1	50
103	Leon. de Vinci Milano	8	50	193	Ceste 9p. Milano		2	.
106	Lesueur 7p. Sutton	3	.	198	den paysage Soleil		6	.
110	Massaccio Milano	7	.	202	ancien ... Dusty		5	.
111	Massard Clarke	3	.	204	... Milano		5	.
112	Mathan ... Milano	5	.	206	Vici 2p. Milano		4	.
113	Mathioli ... jarrett	6	.	208	Volpato ...		2	50
116	Milano Milano	3	.	213	fragment ...		10	.
11	Michel ange Milano	3	.	214	pièce ...		43	.
118	p. Milano	4	.	216	... Milano		10	.
	... 5p.	12	.	247	Vieux vases Rott		8	.
119	... Leon...	–	.		portefeuille papier		3	.
120	Raphael Milano	20	.		Dusty		1	25
131	... Milano	21	.	226	Ide portrait		15	50
133	... Vanderveen	9	.	227	d portrait		2	25
137	Pierre Galathi Milano	26	.	246	Cornelison Soleil		15	50
139	Peyron 3p. Dusty	1	.	250	Holbein Rott		4	50
140	a ... 1p.	8	.	251	... langue Beraud		22	.
	...	.	.	252	Lavater Rott		6	.
151	Poussin 16p. Milano	31	.	258	... Soleil		4	.
161	Raphael present Milano	6	.	261	Pompea Milano		15	.
162	analogue Guillon	8	.	264	... Ingres Dusty		21	.
163	... Milano	10	.	289	... Parme Milano		23	.
165	... Milano	11	.	292	... Milano		8	.
	14p.	17	50		... Marin		4	.
				1 port print	1 50			
				7 paysage	6 50			
174	Ricci paysage Milano	1	50	20 lithog.			9	.
		851	75				1121	25

93 **Hallé.** L'Adoration des Bergers. Le tableau est à Roye, en Picardie. Sup. ép. toute marge.
94 **Ingres.** Odalisque. Très-belle ép. lithographie originale, 1825.
95 **Janson** Paysage. 1er ép. eau-forte pure.
96 **Jordaens.** Les vaches à l'abreuvoir. Belle ép.
97 **Klengel** (J.-C.). Effet de soleil. — Marchande de poisson. 2 p. Très-belles.
98 **Kolbe,** d'ap. Gessner et autre. 2 p.
99 **Lafage** (Par et d'ap.). Bacchanale, frise. 4 p.
100 **Lairesse.** Bacchanale, etc. 2 p.
101 **Lantara.** Grand rocher au bord d'une rivière. Sup. ép. Rare.
102 **Lasinio.** Vue du Campo Santo, de Pise. — Triomphe de la Mort. — La Création. — Tour de Babel, etc., etc. 9 p.
103 **Léonard de Vinci** (D'ap.). Les Quatre cavaliers, par Edelinck. — Modestie et Vanité. 3 p.
104 **Leoni** (Ottavio). Portrait à l'eau-forte. B. 11.
105 **Leroux.** La Vierge du Musée de Parme, d'ap. Corrège. Très-belle. Toute marge.
106 **Lesueur** (D'ap.). Alexandre et son médecin. — Martyre de saint Gervais et saint Protais. 7 p.
107 **Lesueur** (D'ap.), Jésus, Marthe et Marie. — Martyre d'un saint. — Saint Paul à Éphèse. — Martyre de saint Gervais. — Saint Gervais et saint Protais. 7 p. Pourront être divisées.
108 **Longhi.** Annonce aux bergers, d'ap. Flinck. — Fuite en Égypte, d'ap. Proccacini. Non terminée. Rare. 2 p.

109 **Mariette.** Le Christ servi par les anges, d'ap. Le Brun. Très-belle ép.
110 **Masaccio** (D'ap.). Compositions religieuses. 7 p.
111 **Massard** (R.-U.). Clarke, duc de Feltre, en pied en grand costume, d'ap. Fabre. Grand in-fol. toute marge.
112 **Matham.** Diane et Actéon, d'ap. Morelse.
113 **Matthioli**, 1714. Jeune Moine. Superbe eau-forte.
114 **Meldola** (André). Moïse sauvé. B. 2.
115 — Saint Paul prêchant à Athènes. B. 22.
116 **Mellan** Sainte face de Jésus-Christ, d'une seule taille, les Satyres, les Grâces, etc. 9 p.
117 **Michel Ange** (D'ap.). Le Jugement dernier, trente morceau formant environ deux exemplaires celui de Léonard Gaultier, et la Vue de la chapelle.
118 — La Création. — Les Grimpeurs. — Les Tireurs d'arcs. — Fragments de la chapelle Sixtine. — Tombeaux de Jules II, et autres. — Les Péchés capitaux. — La grande Léda. Environ 20 p. Seront divisées.
119 **Morghen** (R.). Portrait de Léonard de Vinci.
120 — Raphaël. — La Fornarina. 2 p.
121 **Morin.** Antoine Vitré, célèbre imprimeur. Très-belle ép.
122 — Le Chasseur au canard. Sup. ép.
123 **Muller** (J.-G.). J-G. Wille, graveur. Très-belle ép., d'ap. Greuze. Papier de Chine volant.
124 **Muller.** L'Enlèvement de Psyché, d'après Prud'hon.
125 **Nanteuil.** Jean Loret. Très-belle ép.

Mailand 0

Mailand 13
for 5.8   Mailand

Mailand 7

Mailand 9

Mailand 13

Mailand 22

"

Mailand 25
Berlin 8.80

Anglais 3.50

Mailand 4

Mailand 63

Mar. 4.7

Mailand 4   Vanderceus 10
              49 r. St Dominique

Guillier 5

Mailand 3.5

u.s.y

Vanderceus 10
49 r. St Dominique

126 — F. Molé, abbé de Sainte-Croix de Bordeaux. Très-belle.
127 — Cl. Regnauldin de Bereu, conseiller.
128 **Panini** (D'ap.). Vue de la chapelle Sixtine.
129 **Parmesan** (Mazuoli dit). Le Christ au tombeau. B. 5. Pièce la plus importante du maître.
130 — Copie, la Résurrection. 6. — L'Astrologie. 15. 3 p.
131 — (D'ap.). Saintes Familles, fac simile de dessins et diverses composition. Environ 50 p.
132 **Parrocel** (P.). Bacchanale. 1re ép. avant d'être terminée au burin. Superbe eau-forte du maître.
133 **Pavon**. La Tentation du Christ, d'ap. Pérugin.
134 — La Vierge à l'oiseau, d'ap. Raphaël.
135 **Penez** (G.). Tomiris. B. 70. — Thétis recommandant Achille. 90. — Triomphe de Bacchus. 92. — Le char coupé. 3 p. Belles ép.
136 **Pesarèse**. Saint Sébastien. B. 23.
137 **Pesne**. Le Triomphe de Galathée, d'ap. Poussin. Avant la draperie. Très-belle et rare ép.
138 — La même avec la draperie.
139 **Peyron**. Mort de Sénèque, Miltiade, Socrate et Alcibiade. 3 p. gravées par lui-même.
140 **Photographies**. Académies. 14 p.
141 **Pontius**. P. P. Rubens. Très-belle ép.
142 **Potter** (P.). Le Vacher.
143 **Poussin** (D'ap.). Les grands paysages, par Baudet. Suite de 8 p. Très-belles.
144 — Moïse exposé sur le Nil, par C. Stella. Grande et belle p. en 2 feuilles jointes.
145 — L'Assomption de la Vierge, par Pesne.
146 — Mort de Saphire. — Frappement du rocher. — Éliézer et Rébecca.

147 — Testament d'Eudamidas. — Moïse exposé, par Loir. — Moïse foulant aux pieds la couronne de Pharaon. — Pyrrhus sauvé, en deux feuilles.

148 — Massacre des innocents, par Folo.

149 — L'Enlèvement des Sabines, par Laurent.

150 — La Passion, par Stella. 13 p.

151. — Sujets de Moïse. — Nouveau Testament. — Sujets mythologique, etc. Environ 30 p.

152 **Primatice** (D'ap.). Quinze Amours se battent avec des pommes. Très-belle eau-forte.

153 **Procacino**. Repos en Égypte. Très-belle ép.

154 **Prudhon**. Enlèvement d'Europe. Eau-forte du maître.

155 **Raimondi** (Marc-Antoine). Les Trois Grâces, signé Mariette, 1668, encadré.

156 **Raphael** (D'ap.). Voûtes du Vatican, la Farnesine, etc. 8 p. par divers graveurs.

157 — Bataille de Constantin, en deux feuilles, par Aquila.

158 — École d'Athènes. — Dispute du Saint Sacrement. 2 p. par Volpato. Marge.

159 — La Messe, par C. Maratte. — Incendie du bourg. 3 p.

160 — Mariage de la Vierge, par Thouvenin.

161 — Présentation au Temple, par Persichini.

162 — Arabesques du Vatican. 1re et 2e parties stucs. 14 planches.

163 — Les Heures du jour et de nuit. 12 p.

164 — Les Planètes. 9 pl. par Dorigny.

165 — Compositions, la Création, Noé, sujets du Nouveau Testament, Vierges et Jésus, saints, Histoire des Papes, Jugement de Pâris, Psyché et l'Amour, etc. Environ 55 p. Seront divisées.

166 — Fac simile de dessins. 2 p.

Mailand 11

Mailand ..

Mailand .. 6.

Mailand ..

Mailand 8.

Mailand 11

Mailand 36

Juillet 8

Abrilaire 0

Abrilaire 36   8

                                    S. trèsbelle
                                Jat. 5 = 9
                                  à partir
Jar. 12   Solent 21   Canples 11
 par 4y   par 4y.   les assemblée

167 **Rembrandt**. Christ en croix. Petite p. Très-belle. B. 80.

168 — Homme méditant — Belle ép. B. 148.

169 — Annonce aux bergers. — Fuite en Égypte. — Petite résurrection de Lazare. — Dessinateur d'après le modèle. 4 p

170 — Clément de Jonghe, marchand d'estampes. Très belle ép.

171 — Jean Lutma. Ép. sur Chine. — Mère de Rembrandt. 2 p.

172 — (D'apr.). Présentation au Temple, Tobie et l'ange, Bon Samaritain, par de Frey et autres. 5 p.

173 **Ribera**. Christ descendu de la croix. — Saint Pierre. 2 p. Belles.

174 **Ricci**. Paysage. Très-belle ép.

175 **Riepenhausen**, d'ap. Cimabué, Giotto, etc. 24 pl. grand in-fol.

176 — La Vie de Raphaël. 12 p. oblong.

177 **Romain** (D'ap. Jules). Sacrifice, Hylas, les Noces de Psyché, etc. 7 p.

178 **Rubens** (D'ap.). Chaste Suzanne. — Christ portant sa croix. — Adoration des Mages, etc., etc., par Pontius, Vosterman, etc. Environ 20 p.

179 **Rubens** (D'ap.). Assomption de la Vierge, par Bolswert avec Gillis Hendrick.

180 — Assomption de la Vierge, par Pontius.

181 — Gouvernement de la reine. Grande pièce, par Picart.

182 **Ruysdael**. Le petit Pont. Très-belle ép.

183 **Sablet**. Costumes italiens, à l'eau-forte. 3 p.

184 **Saft Leven** (Herman). La Laitière. Très-belle ép. avant le trait carré. — La même, avec le trait carré.

185 **Schmidt**. La Fille de Jaïre, d'ap. Rembrandt.
186 — Homme de certain âge avec chaîne. — Jeune homme en hausse-col. — Portrait de Rembrandt. 3 p.
187 **Schongauer** (Martin). Le Portement de croix. Pièce importante du maître. Belle ép. Détériorée.
188 **Solis** (Virgile). Jugement de Pâris. La Scène des anabaptiste. 3 p.
189 **Stella**. Entrée de Sigismond à Mantoue. Grande frise en 25 p.
190 **Subleyras**. Le Serpent d'airain. Ep. avant la retouche. — La Madeleine lavant les pieds. 2 p.
191 **Sudre**. La Chapelle Sixtine, d'ap. Ingres. Très-grande lithogr. Chine.
192 **Swanevelt**. Paysages. 6 p.
193 **Testa** (P.). Composition. Histoire d'Achille et autres. 9 p.
194 **Tintoret** (D'ap.). Mercure et les Grâces. — Le Martyr martelé. 2 p.
195 **Titien** (D'ap.). Vénus à la coquille et autres, Sainte Famille, en bois, etc. 9 p.
196 **Toschi**. Camera di S. Paolo. 8 et 9, d'ap. Corrège. 2 p. superbes toutes marges. Rare.
197 **Trouvain**. L'Aveugle de Jéricho. Très-belle ép. d'ap. N. Poussin.
198 **Uden** (Lucas Van). Petit paysage. Rare.
199 **Umbach**. L'Amour, Bacchanales. 3 p.
200 **Van Vliet**. Deux têtes, d'ap. Rembrandt. Très-belles.
201 **Vénitien** (Aug.). La Manne, Naissance de Jésus, le Christ mort, etc. 7 p.
202 — Hieronimus Alcander, archevêque. Rare.
203 **Véronèse** (D'ap. Paul). Les Disciples d'Emaüs. Belle composition, gravée par Thomassin. Superbe ép. Marge.

Milan 10.50

Milan 11

Soleil 11

Albert
Narland 4.50

Mailand 0.50

Mailand 16

Letztes 1?
Justitien 4ter Kern 42

Mailand 13
R. 36

Mailand 37

204 — Repas, de la galerie de Dresde, par Jacob. Superbe ép. Marge.
205 — Repas, et autres. 4 p.
206 **Vico** (Énée). Les Grâces. — Léda. — L'Annonciation, etc. 8 p.
207 **Vincent** (F.-A.) Buste de vieillard. — Un Homme malade. 2 p. à l'eau-forte. Rares.
208 **Volpato**. Le Christ descendu de la croix, d'ap. Mengs.
209 **Volterre** (D'ap.). La Descente de croix, par Guillemot.
210 **Waterlo**. Le grand Tilleul devant l'auberge. — Le Chien buvant dans le ruisseau. 2 p.
211 **Watteau** (D'ap.). Triomphe de Galathée, par P. M.
212 **Ornements**. Deux pièces d'arquebuseries de Berain.
213 — Frises dessus de boîtes, par Jacquard. 8 p.
214 — Pommeaux et poignées d'épées, par Jacquard. 6 p.
215 — Panneaux, arabesques, par M. Merian. 16 p.
216 — Coupe très-riche, par Fantuzzi.
217 — Vases, par Énée Vico et autres. 12 p.
218 — Animaux divers, par Boel, Denon et d'ap. P. Potter, Berghem, etc. Plus de 65 p.
219 — Illustrations pour Milton et autres, par Turner, Westal, etc. 16 p.
220 — Galerie Filhol. Environ 80 p.
221 — Fresques et arabesques prises à Pompéï, Herculanum. 30 p.

— 20 —

222 — Thèbes, Louqsor, Égypte, Grèce, etc. 1 p.
223 — Figures pour les concours de gravure depuis 1804, par Masquelier, Richomme, Dien, Saint-Ève, etc. Environ 20 p.
224 — Antiques, statues, bas-reliefs, fragments, etc.
225 — Vues d'Italie, Vatican, Colysée, CampoVaccino, par Volpato et autres.

PORTRAITS

226 **Portraits** de personnages divers, peintres, etc. Environ 80. Seront divisés.
227 — de femmes, chapeau de paille, Ferronière, Joconde, etc. 10 p. environ.
228 — Anglais, master Lambton, Lady Georgina, miss Crocker, etc. 9 p.
229 **Baccio Bandinelli**, à mi-corps, par N. de la Casa.
230 **Charles**, cardinal de Lorraine, en pied, 1575, à cinquante ans.
231 **David**, en pied, par J. Porreau. — Potrelle. 2 p.
232 **Dyck** (Ant. Van). Son portrait à l'eau-forte, par lui, et terminé par J. Neeffs.
233 — F. Franck. Très-belle ép. avec G. H.
234 — Judocus de Momper. Très-belle ép. papier à la folie.
235 — Adam van Noort. Très-belle ép.
236 — Joannes Snellinx. Très-belle ép.
237 — Franciscus Snyders, terminé par J. Neffs.

Milano 26

Camb. 15 Soleil 5

Camb. 15
Camb. 5

Camb. 5

Hailand 1? Soleil 16 R. 15 Camb.

Huytingen 30
R. 4
Berard 35 Soleil 20
R. 10

238 — Justus Suttermans. Belle ép. marge.
239 — Joannes de Wael. Très-belle ép. avec G. H.
240 **Dyck** (D'ap. Van), par *P. de Jode*, Paul Halmalius, avec G. H. Très-belle ép. papier à la folie.
241 — par *P. Pontius*. H. Van Baelen. Très-belle. Papier à la folie.
242 — Paul Pontius. Très-belle ép. avec G. H.
243 — P.-P. Rubens. — Gérard de Seghers. 2 portr.
244 — par *C. Vischer*. Henderukus du booys. — Helena Leonora de Sieveri. 2 portr. Très-belles ép.
245 — par *Vorsterman*. Jean, comte de Nassau.
246 — Antonius Cornelissen. Très-belle ép. avec *Mart. Van den Enden*.
247 — par *Vermeulen*. Maria Luissa de Tassis. Belle ép.
248 — Van Dyck, Rubens, etc. 3 portr.
249 **Henri III**, roi de France, par Rabel. — Th. Deleu, et autre. 3 portr.
250 **Holbein** (D'ap.). Son portrait, son épouse, Erasme. 3 p.
251 **Jean de Bologne**, 1639. C'est le meilleur portrait du personnage.
252 **Lavater**. Profil assis en pied. Colorié très-finement.
253 **Michel Ange**. Buonarotti, profil par Bonasone. — En pied, à vingt-trois ans, et autre. 3 portraits.
254 **Michel Ophovius**, confesseur de Rubens. Sup. ép.
255 **Poussin** (N.) par Audran. — Ferdinand. — Pesne. 3 portr.

256 **Raphael**. Son portrait, par divers, et autres personnages, peints par lui. 17 portraits.
257 **Rembrandt**. Son portrait, et autres personnes, peintes par lui. 8 p.
258 **Ribera**, par Winstanley, 1729.
259 **Titien**. Son portrait, Arioste, Arétin, Boccace et autres, d'ap. ses tableaux. 7 portr.
260 **Vischer** (C.). Son portrait en 1649.

RECUEILS

Ouvrages à figures.

261 Pompeï, Maison du poëte tragique, couleur et noir. Environ 30 p. et texte.
262 Voyage de Venise à Constantinople, par de Moncel. 49 pl. et texte in-fol. oblong, broché.
263 Compositions antiques, gravées par Jules Bouchet, architecte. 17 pl. et texte, petit in-fol. oblong, demi-rel.
264 OEuvre de M. Ingres, par Reveil, 1851. Beau vol. in-4, broché.
265 Vie de saint Bruno, d'ap. Lesueur. 23 p.
266 Rome antique, par Duperac. 30 p. oblong.
267 Les Loges de Raphael, par Chapron. 54 p. avant l'adresse de Mariette, demi-rel.
268 Les Noces de Psyché et l'Amour, dans la Farnesine, d'ap. Raphaël, par Dorigny. 12 pl. brochées.

Mailand 22

Mailand 7

Cremona 11

Mailand 8

269 Coupole de Parme, d'ap. Corrège. 27 p. vol. demi-rel.
270 Coupole de Parme, d'ap. Corrège. 12 p. grand in-fol. vol. oblong cartonné.
271 Peinture de la basilique de Saint-Clément, à Rome; d'ap Masaccio. 21 pl. et texte grand in-fol.
272 Peintures, arabesques antiques, tirées du Vatican, et autres. 55 pl. grand in-fol. oblong, broché.
273 Antiquité de la grande Grèce, Naples, Pompéï. 2 parties en 3 vol. très-grand in-fol., par Piranesi.

DESSINS

274 CASAS. Vues d'Egypte. 2 dessins au crayon noir.
275 DONATELLO RICCIARELLI di Volterra. Descente de croix. Encadrée.
276 FRAGONARD, 1764. Femme entièrement nue couchée, vue de dos. Superbe dessin aux trois crayons.
277 LECLERC (Séb.). Village, à la plume.
278 MARLET. Garçon fouettant avec une branche un jeune homme qui porte une jeune femme sur son dos. A la plume, lavé au bistre.
279 NIERT (Alex. Denis de). Fêtes à Bacchus. Beau dessin à la sanguine, avec une gravure de Cochin, d'après un autre dessin.
280 PARMESAN. Deux figures, assise et couchée. A la plume et lavées.

— 24 —

281 PARROCEL (Ch.). Cavaliers avec titre ornementé, 21. Dessins non gravés, 80 gravures lavées imitant des dessins, 5 en noir. En tout 106 p. Beau vol. Très-curieux.

282 POUSSIN (Nicol.). Moïse sauvé. Croquis à la plume, lavé.

283 — Esther et Assuérus. Croquis à la plume.

284 — Le Christ au tombeau. Croquis à la plume.

285 — Borée. — Ganimède. 2 croquis lavés de bistre.

286 — Paysage à la plume, lavé à l'encre.

287 — Bacchus et Ariadne. Sanguine lavée.

288 — Bacchus indien, d'après un bas-relief. Lavé de sanguine.

289 — Moïse frappant le rocher. A la plume, lavé.

290 — L'Aveugle de Jéricho. A la plume, encadré.

291 TESTA (P.). Naissance d'Achille. A la plume.

292 — Sous ce numéro, les objets non catalogués.

Renou et Maulde, Imprimeurs de la Compagnie des Commissaires-Priseurs, rue de Rivoli, 144

Guillaume Descamps

peintre d'histoire 2ᵉ grand prix
de Rome, fut peintre du Roi de
Naples Murat, honoré de plusieurs
médailles et membre de diverses
académies Décédé à Paris le
25 Décembre 1858.

Nous avons conservé les attributions
de M. Descamps pour les dessins

Vu le peu de temps qu'il nous a
été accordé pour rédiger ce catalogue
nous n'avons pu y donner plus d'étendue

Tout passe avec le temps les gloires artistiques
Les arts ont encore perdu un de leur membre
M. Guil. Descamps ex peintre du Roi de Naples Murat
Artiste et Amateur distingué s'était formé une collection
d'objets d'art, medailles, tableaux, dessins, Estampes et
eaux-fortes choisis avec gout, sa bibliotheque va se vendre
les 10 et 11 Mai par les soins de M. Lavigne Libraire à la
salle de vente rue des Bons enfans, son Cabinet sera
vendu vers la fin Mai a l'hotel Drouot par M. Sibire
assisté de M. Vignères) rue Baillet, le catalogue est sous presse

Le Cabinet de M. Guil. Descamps peintre du Roi Murat

Rue xxx reçu   .
     ou   florins a

Paris le   184 .

Mᵈ d'Estampes Anciennes & mod

C'est le 29 Mai que l'on va voir l'exposition du Cabinet de feu M. Guil. Descamps peintre de Murat quelques Curiosités des fouilles d'Herculanum, Des Médailles grecques recueillies pendant son séjour en Italie, une très belle Esquisse du Parmesan le christ mort, Ses tableaux ses Etudes et sa Collection d'eaux fortes et Estampes de l'école Italienne prouvent Ses gouts artistiques & ses Connaissances d'Amateur, la vente de cette Collection dirigée par Me Sibire assisté de M. Vignières rue Baillet 1. chez lequel on trouve le Catalogue, aura lieu les 30 et 31 Mai 1859

Cette année la Saison des Ventes d'objets d'arts va être close par la Collection de M. Guil. Descamps peintre du Roi Murat

L'Exposition publique se fera le dimanche 29 Mai et la vente aura lieu les 30 et 31 Mai dirigée par Me Sibire assisté de M. Vignières rue Baillet 1. chez le que se distribue le catalogue aura lieu les 30 et 31 Mai 1859

Samedi 7 mai 1859

Monsieur Vignes,

Nous avons chez Mr. Delcamps une petite collection de médailles et de Bronzes antiques, ne serait-il pas bon d'en faire mention dans votre catalogue ? Vous pourriez, ou j'y pourrai, si vous le préférez, prier Mr. C. Rollin, rue Vivienne, d'y jeter un coup d'œil, et de nous en donner une description plus ou moins sommaire suivant l'importance, avec un aperçu de valeur ?

Votre tout dévoué serviteur

Émile Serres

P.S. Un nommé Mr. Jules Lacroix, rue des Martyrs 18, me demande un catalogue. Je lui ai écrit qu'il ne sont pas dans, dont fait, la vente n'étant que les 30 et 31 et qu'il s'adresse à vous, pour en avoir un de bonne heure, plutôt qu'à moi.

Paris 11 mai 1859.

Monsieur,

Veuillez remettre au porteur quelques catalogues des gravures Delacroix.

Agréez, Monsieur, mes salutations empressées

Amédée Bouffard
33 passage Verd. Dodot
Mandataire des héritiers
Delacroix.

Mᵉ SIBIRE,
Commissaire-Priseur,
Rue Montmartre,
N° 129.

Mardi 7 Juin 1859

Monsieur Vignères,

Envoyez-moi je vous prie le plutôt que possible s/v/p la poste la note de vos débourses et honoraires pour la vente de Mr Descamps, ainsi que la note de Mrs Maulde et Renou pour les affiches et catalogues.

Je viens de payer à Mr Jacquin la Distribution. Je vous dirai, pour votre gouverne, que cette vente s'élève, d'après le procès-verbal, à la somme de 5653ᶠ, de laquelle il y a lieu de déduire celle de 485.

Montant de bronze et médaille
ce qui donne pour [...]
ma Vala() net de $ 168..

Ne retardez pas l'envoi de
cette note Générale, j'en vous
prie car C. notaire me
demande avec Instance my
fonds afin de pouvoir
payer les droits de mutation
qui vous échoient :

Votre tout dévoué
Serviteur
Emile Sibire

Œuvres

de M. Guil. Descamps
   peintre d'Histoire

__Jugement de Sabines__ 2e grand prix de Rome an XI
Esquisse de Concours composition ... personnages
de l'antiquité

Prométhée
médaille d'or Lille 1820

Incendie du Bourg d'après Raphaël très grand

Vénus, Diane 2 tableaux gravés
Copies d'après Rubens

__Pâris et Hélène__ ... non terminé
plusieurs esquisses projets pour ce tableau
Clarke Duc de Feltre en pied à l'huile esquisse terminée grand nat. 1817

__nombre d'Études__ peintes, têtes, compositions
projet de tableaux, esquisses, académies

__nombre d'Études__ au crayons pour tableaux
compositions, esquisses, ensembles, académies

__Gravures à l'eauforte__ compositions portraits
__Litho...__ portraits

Cuivres blancs et gravés
Armoire Bibliothèque Style renaissance avec plaques
sculptées, plaques de marbre
nombre de Statues, buste, bas reliefs etc en plâtre
Mannequin petit modèle
chevalets, boites à couleurs et divers ustensiles d'atelier
plusieurs loupes

Paris le   184.

M^r d'Estampes Ancienne &c rue du Carousel

ou | fourni argent &c Convention

Samedi 30 Avril 1819

Monsieur,

Je pense qu'il serait utile de nous occuper dès à présent, de la location de la salle pour notre vente, et du catalogue ou de la notice à faire passer, d'autant plus que dès jeudi je pars pour nos vignobles, il y aura encore pas mal de ventes, mais au premier étage et que déjà M. Farique dans la notice que je vous enverrai paraît déjà de la distribution de votre travail.

Dites moi donc un mot, je vous prie à cet égard pour que je sois déterminé dans les jours de vente et que je sois fixé pour les affaires intérieures. Vous obligerez votre très obéissant serviteur

Émile Schi...

P.S. Comme vous voyez sans doute les lettres en ce moment il faut les prendre de déterminer le plutôt les 2 tableaux qui sont sur fond bleu...

Monsieur
Vigneron
Monsieur Montestruque
Rue de la Mousnaud, n° 13.

Mardi 3 mai 1859.

Monsieur,

Je m'empresse de vous prévenir que nous avons la Salle n° 3 pour le 29 30 et 31 de ce mois.

Votre tout dévoué serviteur
Émile Sibire

7		
117		
296		
320		
323		
350		
351		
352		2
356		6
363		
364		
366		
367		1
368		
371		10
372		
373		
374		
375		
376		1
377		2
378		
379		
383		
384		
385	lavalette	10 50
388		2
389		3 75
390		1
395		
396		
397		
398		

184 10

                                    184
399 Livry   2/   10 50
401 Maintenon   5,   10 50
406 Sulger   2
407 Grimbergs 8/   4
412 Wille   5 50
415 Jouvenet   1
421 Smith Cecci   1
426 Joumpul 2 p.   2
427 Turgot   3
428 M. Antoin pied   3 50
429 Elizabeth   14 50
430 Montfaucon   5 50
431 Ney   3
432 Davr   1
438 Frederic II.   9 50
439 Masse   Vig   3
447   0
448   6
449   3 25
450   2
                      ―――――――
                      274 75
                       57 55
                      ―――――――
                      217 20

100 Vte **Descamps** 30-31 Mai 1859

	Mesure		2	40	Nces de Venus, l'amour Martin 10
	2 Loupes Binocles		75	42	Dp Sujet de Psyche Soleil 3
	Miroir noir Equerre M'instr*	6		43	Descamps Murat 6
	9 Dessins		2		Murat 5
	2 Lettre		7 50	44	″ 5
	Hebert Esquisse	Barty	10	45	Oeuvre 5
	VanDyck cadre	Duval	42	48	Tamayers Vierge aux chaines Mailand 25
275	Donatello Cadre	Duval	3	53	Danse Mailand 5
277	St. Leclerc	Duval	5 50	55	Durer Ariane 4
285 286	2 dessins Lousin	Duval	5	57	Durer Madeleine ancien Soleil 1
289	Moïse Poussin	Duval	16 50	58	Dyck Christ au roseau Soleil 36
288 290	2 Poussin d'après	Duval	19 50	59	Ecole fontainebl. Vercoller Mailand 12
	10 dessins	Duval	9	60	Venus dans ... Mailand 9
221	63. arabesque Torgier Mailand	18	61	Paris, le jugement Mailand 8
224	13. Antigua	5	62	Jean in 6 ... Barty 3 50
	47 Entiques	Mailand	7	63	Venus pleurant Mailand 23
225	7 Vases		1	66	Fiesole Vie de J.C. Mailand 23
1	Albane 4 p.	Mailand	6	67	Couronnement Mailand 20
2	Aldegrever		1	69	Folo Mariage Ste Cath. Mailand 5
3		Mailand Lutron	8	70	Fragonard 2p. Mahurant 1 75
4	Audouin ex cute	Guilbert	10	81	gensels 1p. Mailand 3
6	Audran Laurent	Mailand	4	86	Christ l'injure at psyche Soleil 17
9	Beauvalet	Mahurant	3	88	Girodet 3 25
10 13.	enfans Vendange	Berard	12	89	Glaubert 12p. Mailand 7
16	Bonasone 1705 an	Mailand	10	90	Guercin Jarrett 6 50
	2 pièces	Mailand	5	94	Ingres Odalique 4p. 3 50
	toilette de Venus Mailand	11	103	Léon de Vinci Mailand 8 50
31	Endymion	Mahurant	1 50	105	Lesueur Alexandre 1p. Lutron 3
33	Correge 8p.	Mailand	28	110	Massario Mailand 7
	4p.		20	111	Massard Clarke 3
36	Devon 2p.	Mailand	16	112	Nathan Diane Mailand 5
37	Grapagne	Berard	6	113	Mathieu Moïse Jarrett 6
38	Statue de Praxe	Barty	4 75	116	Meller Molland 3
39	Psyche	Barty	4 75	117	Michel ange Mailand 26
				118	7 pieces Mailand 4

		Report		Report	1009 25
118	Mengs Leda 5p.		12	251 Jean Bologne	Sierard 22
129	Morghen Leonard		7	252 Lavater	R. 6
130	Raphael apor.	Milano 26		253 Ribera	Soleil 4
131	Parmesan	Milano 31		261 Pompei	Milano 15
133	Pavon perugin Vendôme eq. a S.t Dominique	9		264 Bernard Jaques	Durty 21
137	Pesne galathée	Milano 26		269 Coupole de Parme	Milano 23
139	Payron 3p.	Durty 1		292 École Primitive	Milano 8
140	Daguerrotype 6.		8	Italien	Milano 4
	4		10 50	1 Portefeuille	1 50
151	Poussin 15p.	Milano 31		7 Paysages	1
161	Raphael presentation	Milano 6		20 lithog	6 50
162	Arabesque	Guillem 8			1121 25
163	Lesueur	Milano 10			5645
165	Composition 10p.	Milano 11			1175 35
	14p.		17 50		
174	Ricci paysage	Milano	1 50		
178	Rubens 8p.	Milano	17		
183	Sablet 9p.	Durty	1 50		
190	Subleyras 2p.	Durty	1 50		
193	Leota 9p.	Milano	2		
198	Uden paysage	Soleil	6		
202	Venitien Alexandre	Becker	5		
204	Reper Dresde	Milano	5		
206	Vico 8p.	Milano	4		
208	Volpato Christ mort		2 50		
213	Jacquand frère	Détaille	10		
214	pommier d'épi	Détaille	43		
216	Coupe	Milano	10		
217	Em Vico Vases	Rot	8		
	portefeuille		3		
	Boite		1 25		
226	24 Portrait		15 50		
227	9 portrait		2 25		
246	Cornelissen	Soleil	15 50		
250	Holbein	R.	4 50		
			1009		

www.ingramcontent.com/pod-product-compliance
Lightning Source LLC
Chambersburg PA
CBHW050015230526
45470CB00003B/983